L. Bennett

GULLIVER

JEUNESSE

Bozo Nolet-Leclou

roman

Données de catalogage avant publication (Canada)

Boutin, Mathieu
Bozo Nolet-Leclou
(Gulliver jeunesse, 117)
ISBN 2-7644-0230-9
I. Titre. II. Collection.
PS8553.O887B69 2003 jC843'.6 C2003-940134-0
PS9553.O887B69 2003
PZ23.B69Bo 2003

Nous reconnaissons l'aide financière du gouvernement du Canada par l'entremise du Programme d'aide au développement de l'industrie de l'édition (PADIÉ) pour nos activités d'édition.

Gouvernement du Québec – Programme de crédit d'impôt pour l'édition de livres – Gestion SODEC.

Le Conseil des Arts du Canada | The Canada Council for the Arts

SODEC Québec

Les Éditions Québec Amérique bénéficient du programme de subvention globale du Conseil des Arts du Canada. Elles reçoivent aussi l'appui financier de la SODEC, qu'elles remercient.

Québec Amérique
329, rue de la Commune Ouest, 3e étage
Montréal (Québec) H2Y 2E1
Téléphone : (514) 499-3000, télécopieur : (514) 499-3010

Dépôt légal : 1er trimestre 2003
Bibliothèque nationale du Québec
Bibliothèque nationale du Canada

Révision linguistique : Andrée Laprise
Mise en pages : Andréa Joseph [PAGEXPRESS]

Bozo Nolet-Leclou

roman

MATHIEU BOUTIN

QUÉBEC AMÉRIQUE JEUNESSE

À Antoine

Préambule

On nous raconte parfois des histoires incroyables qui se sont passées il y a très longtemps. Et plus l'histoire est ancienne, plus on se dit qu'elle est peut-être vraie. Il y a pourtant plein de choses qui se déroulent chaque jour sous notre nez, tout aussi incroyables et souvent bien plus vraies. Pourtant, on n'ose pas toujours y croire, parce qu'on se dit : *ces choses-là sont impossibles*.

L'histoire de Bozo Nolet-Leclou est une de ces histoires incroyablement vraies.

Mais vous ne la croirez pas.

Chapitre 1

Acrobaties à l'épicerie

Il y a des rencontres extraordinaires. Ceux à qui cela arrive disent toujours la même chose : « Je ne m'y attendais pas du tout. » Isabelle Nolet eut exactement ce genre de surprise lorsqu'elle rencontra celui qui devait devenir son amoureux, Hervé Leclou.

Ça se passait devant les grands congélateurs du supermarché. Isabelle poussait son panier à roulettes sans regarder devant elle, tout en longeant les étalages de produits surgelés. Très concentrée, elle cherchait sa marque de pizza préférée, celle avec des petits morceaux de jambon. Au même moment et tout autant concentré, Hervé reculait avec son panier à roulettes sans regarder derrière lui. Il cherchait aussi des yeux sa marque de pizza préférée, celle avec des petits morceaux de jambon. On aura compris qu'ils cherchaient tous les deux la même chose, si bien qu'arrivés devant l'objet convoité, on peut aussi deviner ce qui se passa :

a) Le chariot d'Isabelle tomba en panne et on dut appeler une remorqueuse ?

b) Un gros ours polaire arriva en courant et mangea toutes les pizzas surgelées ?

c) Un gros ours polaire avec des lunettes arriva en courant et mangea Hervé, qu'il avait confondu avec une pizza surgelée ?

d) Hervé, qui reculait sans regarder, culbuta dans le panier d'Isabelle, qui avançait sans regarder ?

Les lecteurs qui ont répondu d) sont très doués pour les devinettes, car c'est exactement ce qui se passa. Hervé se retrouva donc tout à coup à moitié couché dans le panier d'Isabelle au milieu des tomates, du lait, des boîtes de céréales et des petits yogourts. Les pieds en l'air et la tête en bas, il aperçut à l'envers le très joli visage de la jeune femme qui le regardait avec stupéfaction.

—Je suis désolé, dit enfin Hervé, très gêné.

—Non, c'est moi, lui répondit Isabelle, qui tirait sur la grosse main que Hervé lui tendait maintenant pour qu'on l'aide à se sortir de cette fâcheuse position. C'est alors qu'Isabelle glissa sur une feuille de laitue mouillée qui traînait par terre et qu'elle tomba tête première dans le chariot où se démenait encore Hervé. L'un par-dessus l'autre, à travers les petits yogourts éventrés sous leurs poids conjugués, tous deux se mirent à rire sans pouvoir s'arrêter, incapables de s'extirper par leurs propres moyens.

Le gérant de l'épicerie et quelques clients sympathiques, accourus sur les lieux, tentèrent eux aussi de venir en aide à nos deux amis. Mais tout le monde glissait sur les tomates écrasées, le lait et le yogourt qui dégoulinaient du panier, et tombait par terre. Si bien que les trente-neuf clients présents dans l'épicerie – dont une grosse dame avec un petit chien – qui étaient venus voir ce qui se passait, se retrouvèrent tous par terre. Et comme ils glissaient et tentaient de se relever en s'agrippant les uns aux autres, ils devenaient tout roses, en se couvrant de jus de tomate mélangé au yogourt à la vanille. Isabelle et Hervé, toujours emprisonnés dans le panier, riaient de plus en plus à mesure que de nouvelles personnes arrivaient en courant, glissaient et tombaient les unes sur les autres.

Tout le monde riait, même le petit chien. Tout le monde était tombé par terre, mais seuls Isabelle et Hervé savaient qu'ils venaient de tomber amoureux.

Ce soir-là, Isabelle et Hervé, encore tout roses de sauce tomate-yogourt, partagèrent une pizza surgelée aux petits morceaux de jambon. Ils y touchèrent à peine, car ils étaient surtout occupés à se dire des mots doux dans le creux de l'oreille.

Chapitre 2

Quoi? Papa? Qui?

La plupart des gens savent très bien comment on fait pour avoir un bébé. Isabelle Nolet et Hervé Leclou le savaient aussi et ils décidèrent d'en fabriquer un dès qu'ils furent convaincus qu'ils s'aimaient à ce point, quelques semaines seulement après leur première rencontre. Ils raffolaient des enfants et espéraient en avoir bientôt une maison remplie jusqu'au plafond.

C'était un beau soir du mois d'août. Isabelle et Hervé avaient décidé de prendre quelques jours de congé à la campagne pour faire du camping. Ils avaient rempli la petite voiture de Hervé de victuailles pour faire des pique-niques au soleil et de tout l'équipement nécessaire à leur escapade. Une tente bien sûr, mais aussi des raquettes de badminton, un filet à papillons, des cannes à pêche, un hamac et deux sacs de couchage. Bien qu'elle fut minuscule, la Fiat Topolino rouge – avec laquelle Hervé faisait le taxi tous les jours dans les rues sinueuses de la vieille ville – avala tous ces bagages sans problème.

Isabelle avait tenu à apporter du travail avec elle malgré tout, pour rattraper un peu de retard. Ces dernières semaines, elle avait tant rêvassé à son beau Hervé, qu'elle n'avait pu se concentrer sur ses dossiers. Isabelle était pourtant une travailleuse sociale très dévouée à ses clients. Elle tentait de les aider à équilibrer leur budget et à jongler avec toutes les factures qui s'empilaient immanquablement. À l'occasion, elle domptait aussi les créanciers qui rugissaient quand on ne les payait pas.

Ce soir-là, donc, après s'être régalés de poulet froid et de salade de pommes de terre, Hervé et Isabelle firent une longue promenade, main dans la main, dans le pré où ils avaient stationné la petite voiture et planté leur tente. Devant le soleil couchant, des chevaux faisaient des cabrioles et couraient comme des fous dans les herbes hautes. Au loin, le chant des grenouilles annonçait l'arrivée d'une nuit calme et douce. Bientôt, seul le clair de lune, qui entrait par la porte de la tente, put entendre les secrets d'amour qu'Isabelle et Hervé se dirent longuement avant de s'endormir.

Quatre semaines plus tard, Isabelle apprit qu'elle était enceinte. Folle de joie, elle appela tout de suite Victor – le répartiteur de la compagnie de taxis – afin qu'on annonce à Hervé la formidable nouvelle sur sa radio.

— Allô allô, j'appelle Hervé, j'appelle Hervé, fit Victor dans son micro pour tenter de joindre Hervé.

Les radios de taxi fonctionnent toujours mal. Celle de Hervé était encore pire, si bien qu'il ne pouvait jamais être tout à fait sûr si c'était bien lui qu'on appelait. Il ne répondit donc pas tout de suite, puisqu'il lui semblait plutôt entendre que quelqu'un « voulait de l'eau » et se disait « énervé », ou quelque chose du genre.

— Allô allô, j'appelle Hervé, j'appelle Hervé ! Réponds Hervé ! fit encore la radio, au moment où Hervé s'arrêtait pour faire monter un client.

— Allô, c'est Hervé, répondit-il enfin. Qu'est-ce qui se passe ?

— Tu vas être papa ! ! lui cria le répartiteur.

— Ne t'arrêtes pas ? questionna Hervé qui n'entendait vraiment rien avec cette radio de croûte.

— Papa ! Tu vas être papa ! ! insista encore Victor.

— Quoi ? Papa ? Qui ?

— Toi ! Isabelle a appelé ! Elle est enceinte ! Tu vas être papa Hervé ! Toutes mes félicitations !

Hervé devint tout blanc. Ne pouvant contenir sa joie, il voulut la partager :

a) Il se tourna vers le client qui venait de monter et lui annonça avec une larme dans les yeux et un grand sourire : « Je vais être papa ! » ?

b) Il fonça vers la tabagie la plus proche, acheta une grosse boîte de cigares et en offrit un à son client ?

c) Il fonça vers le fleuriste le plus proche et acheta un immense bouquet de lys blancs, les fleurs préférées d'Isabelle ?

d) Il fit monter gratuitement neuf autres clients dans sa minuscule voiture, maintenant pleine à craquer, en leur offrant à chacun un cigare et en roulant à toute vitesse jusqu'au bureau d'Isabelle qui l'attendait déjà sur le trottoir en sautillant ?

Ceux qui ont répondu b), d), c) ou même a) ou « toutes ces réponses sont bonnes » gagnent un cornet de crème glacée, car c'est exactement ce qui se passa.

Devant le bureau de sa compagne, Hervé descendit de la voiture en marche, avec le gros bouquet de fleurs dans les mains, courut embrasser Isabelle et lui dire qu'il l'aimait.

Un peu plus loin, des passants eurent la surprise de voir émerger de la petite Topolino rouge, finalement immobilisée par une borne-fontaine, dix personnes un peu étourdies, dont une grosse dame avec un petit chien. Tous avaient un cigare au bec. Même le petit chien.

Chapitre 3

Boum-badaboum-tss !

Isabelle grossissait à vue d'œil. En partie parce qu'elle était enceinte, bien sûr. Mais nul doute que la crème glacée à la pistache, les frites, les hot dogs et la pizza surgelée avec des petits morceaux de jambon, qu'elle engouffrait à toute heure du jour et de la nuit, n'étaient pas étrangers à son soudain embonpoint. À des heures où les gens normaux dorment habituellement, il n'était pas rare qu'Isabelle réveille Hervé d'un petit coup de coude pour qu'il aille lui chercher à manger. Lorsque le réfrigérateur était vide, ce qui arrivait plus souvent qu'autrement, Hervé sautait alors dans son taxi rouge pour aller acheter de quoi nourrir l'ogresse affamée avec laquelle il partageait maintenant son lit.

Lorsqu'il revenait, encore à moitié endormi, il avait à peine le temps de poser ses paquets sur la table, qu'Isabelle avait déjà tout dévoré et en redemandait. Souvent, il fallait qu'il sorte comme ça à deux ou trois reprises durant la nuit jusqu'à ce qu'Isabelle s'endorme enfin, rassasiée pour quelques heures. Hervé ne s'en plaignait pas, tellement il était content de voir la future mère de leur enfant profiter de la sorte. Mais l'appétit d'Isabelle commençait à leur coûter cher, et Hervé devait conduire son taxi de longues heures, sept jours sur sept, pour payer l'épicerie.

Isabelle continuait de travailler. Cependant, ses dossiers, son téléphone et son ordinateur étaient devenus très collants de toutes les sucreries qu'elle sortait à tout bout de champ des tiroirs de son bureau pour remplir les petits creux qui faisaient constamment gargouiller son ventre.

À la fin du troisième mois, Hervé et Isabelle se rendirent chez le médecin pour s'assurer que la grossesse se déroulait normalement. Le vieux docteur Rologue, qui connaissait Isabelle depuis qu'elle était toute petite, l'examina et la déclara en parfaite santé.

— Vous mangez bien au moins ? lui demanda le docteur.

— Oh oui ! répondit Hervé avant qu'Isabelle, qui lui fit alors de gros yeux, ouvre la bouche.

Puis le docteur posa son stéthoscope sur le ventre d'Isabelle pour entendre les battements du cœur du bébé.

— Tiens, c'est étrange, fit le docteur en fronçant un peu les sourcils.

— Un problème ? s'inquiéta Isabelle.

— Non, non, tout va bien, s'empressa de répondre le docteur Rologue avec un sourire pour la rassurer. On entend très bien son petit cœur. Écoutez vous-même, continua-t-il en lui tendant les branches de son stéthoscope.

— Hervé ! J'entends son cœur ! J'entends son cœur ! fit Isabelle réjouie. Écoute toi aussi !

Hervé se pencha et mit à son tour les embouts dans ses oreilles.

— C'est vrai ! Boum-boum, boumboum ! fit Hervé, en imitant le son qu'il entendait. Puis il écouta encore plus attentivement. C'est drôle, on dirait qu'il y a autre chose. Ça ne fait pas juste boum-boum, c'est plutôt comme boum-boum-tss ! boum-boum-tss ! C'est normal ça, docteur ?

— Ah ! Vous aussi vous avez entendu le « tss ! », je me demandais si c'était mes vieilles oreilles qui me jouaient des tours.

— Moi aussi je veux entendre, dit Isabelle impatiente en reprenant l'instrument. Bien oui, boum-boum-tss ! boum-boum-tss ! Même que je dirais que ça fait boum-badaboum-tss !

— Boum-ba-da-boum ? firent en chœur Hervé et le docteur, incrédules.

— C'est moi qui suis sa mère, et je dis que le cœur de mon enfant fait boum-badaboum-tss ! lança Isabelle avec fierté aux deux hommes qui se penchaient sur son gros ventre.

— J'avoue que c'est un peu particulier, mais vous n'avez aucune raison de vous inquiéter. Votre petit est tout simplement un peu musicien on dirait ! déclara enfin le docteur Rologue en rigolant. Évitez tout de même le stress. Reposez-vous. Votre bébé va bien, mais un peu de calme ne vous fera pas de tort à tous les deux.

Lorsque le couple fut sorti de son cabinet, le vieux médecin alla cependant jeter un coup d'œil à sa volumineuse bibliothèque. Il avait une idée derrière la tête. Quand il eut trouvé le gros livre qu'il cherchait, il revint s'asseoir et le posa sur son bureau. Le livre s'intitulait :

a) *Les aventures de Tintin à l'hôpital* ?

b) *Comment devenir vétérinaire en huit leçons* ?

c) *Phénomènes de fécondité farfelue chez les femmes férues de friandises* ?

d) *Bricolons avec des diachylons* ?

On peut s'étonner du fait que le livre mentionné en c) existe, mais c'est pourtant bien celui que le docteur Rologue s'apprêtait à consulter quand l'infirmière vint le prévenir que sa prochaine patiente était arrivée. C'était une grosse dame avec un petit chien qui souffrait d'étourdissements depuis trois mois. Le petit chien aussi d'ailleurs.

Chapitre 4

Une manivelle pour Isabelle

Les mois passèrent : six depuis la première visite chez le docteur Rologue, ce qui aujourd'hui en faisait neuf depuis le voyage des amoureux à la campagne. Soit environ treize de moins qu'il en faut pour faire un bébé éléphant.

La grossesse s'était déroulée sans problème, si ce n'était des sons de plus en plus curieux qui provenaient du ventre d'Isabelle. Elle ne s'en inquiétait pas, pensant que sa digestion en était responsable. Isabelle avait en effet continué de manger toutes sortes de cochonneries au cours des derniers mois, dont

Hervé veillait toujours, par amour, à garnir le réfrigérateur.

Ce jour-là, Isabelle venait d'ailleurs de manger son troisième banana-split de la journée, en lisant un vieux magazine *Spirou,* lorsqu'elle sentit des petits coups de pied dans son ventre.

— Hervé ! Viens ici. Le bébé me donne encore des petits coups de pied ! cria-t-elle à son amoureux qui revenait justement de l'épicerie les bras chargés.

Hervé se précipita aussi vite qu'il le pouvait dans le salon pour assister à l'événement. Ce n'était certainement pas la première fois que ça se produisait, mais ni l'un ni l'autre ne se lassait du spectacle des petites bosses qui parcouraient la surface du ventre rebondi d'Isabelle lorsque le bébé se manifestait.

— Trop tard, je pense qu'il a arrêté, fit Isabelle, un peu déçue.

Au bout d'un moment, les coups recommencèrent.

D'abord, il y eut une longue série de coups rapides qui firent *boum-boum-boum-boum-boum-boum-boum-boum-boum.* Puis suivirent bientôt trois autres coups, plus espacés, mais de plus en plus forts : *boum – Boum – BOUM* !

— Ça y est ! sourit Isabelle.

— Quoi « ça y est » ? demanda Hervé, perplexe.

— Ça commence, Hervé, le bébé s'en vient !

— Maintenant ?

— Maintenant !

Hervé et Isabelle s'étaient préparés pour ce moment et ils savaient exactement quoi faire :

a) Appeler les pompiers pour qu'ils viennent avec la grande échelle arroser les plantes pendant qu'ils seraient à l'hôpital ?

b) Appeler le restaurant chinois au coin de la rue pour qu'on vienne livrer trois repas numéro deux pour quatre, cinq soupes won-ton, pas de egg-rolls ?

c) Appeler l'hôpital pour demander qu'on se prépare parce qu'Isabelle arriverait dans quelques minutes pour accoucher ?

d) Appeler un numéro au hasard dans l'annuaire du téléphone en se faisant passer pour la Fée des Glaces ?

Bon. Le petit Raoul Houle, son frère Abdoul ainsi que la petite Marie-Neige Sanschagrin, qui ont malheureusement répondu d), n'ont pas gagné cette fois-ci, et nous leur demandons d'arrêter de faire des farces avec le téléphone, ce n'est pas un jouet. Tous les autres qui ont répondu c) méritent un morceau de chocolat.

Hervé courut donc chercher la valise qui était toute prête pendant qu'Isabelle appelait à l'hôpital. Ils sortirent enfin de l'appartement, aussi vite que la grosse bedaine d'Isabelle le lui permettait, pour se rendre jusqu'à la petite Topolino rouge de Hervé qui les attendait en souriant le long du trottoir.

Hervé, comme tout bon chauffeur de taxi, connaissait très bien chacun des raccourcis de la ville pour se rendre le plus rapidement possible à l'hôpital.

—Fais tout de même attention, remarqua Isabelle, un peu inquiète.

Il conduisait en effet si vite qu'il faillit à un moment renverser une grosse dame avec un petit chien qui traversaient la rue. À cette allure, le couple arriva bientôt devant l'hôpital, trois minutes plus tôt que le moment où il avait quitté la maison.

Le docteur Rologue les attendait. Il avait à la main son grand livre sur *Les phénomènes de fécondité farfelue chez les femmes férues de friandises.*

Lorsqu'ils furent tous dans la salle d'accouchement, on fit étendre Isabelle sur la table. Hervé se tenait debout tout près et lui caressait la main.

Le médecin déposa son grand livre sur un comptoir et le laissa ouvert à la page 2623, pour pouvoir suivre les instructions en même temps qu'il aiderait Isabelle à accoucher.

— Ça ira très bien, ne vous en faites pas, leur dit gentiment le vieux docteur.

Il ausculta le ventre d'Isabelle, puis y posa le bout de son stéthoscope.

— C'est bien ce que je pensais, remarqua-t-il, songeur.

— Qu'est-ce qui se passe ? lui demandèrent en chœur Hervé et Isabelle.

— Écoutez, leur répondit-il en leur passant le stéthoscope.

— Ohh ! on dirait une petite musique, fit Isabelle.

— Mais oui, tiens donc, une petite musique. Un xylophone ? Des clochettes ? C'est étrange, j'ai déjà entendu cet air-là quelque part, reprit à son tour Hervé en écoutant. Quand j'étais petit, j'avais une boîte à surprise qui faisait le même son !

Le docteur consulta à nouveau son grand livre. Il ouvrit ensuite un sac dans lequel il puisa toutes sortes d'instruments médicaux, qu'il déposa délicatement un à un sur une serviette placée sur la table.

Il prit l'un d'eux, une espèce de petite clé, et en fit entrer le bout très doucement dans le nombril d'Isabelle.

De l'autre main, il déposa de nouveau son stéthoscope sur le ventre.

—Non, c'est pas tout à fait ça, chuchota-t-il, presque pour lui-même.

Il choisit un autre instrument, un peu plus grand, en posa une fois encore l'extrémité dans le nombril de sa patiente et il écouta. Le vieux docteur en sélectionna un autre, puis un autre, écouta de nouveau. Ça ne semblait toujours pas être ce qu'il fallait.

Isabelle et Hervé avaient beau avoir pleine confiance en leur médecin, ils commençaient à se poser des questions.

—Je ne savais pas que ça prenait des instruments comme ça pour accoucher d'un bébé, lui dit enfin timidement

Isabelle, qui ne pouvait plus se retenir.

— C'est que, répondit le docteur Rologue, si j'en crois mon expérience et le grand livre que vous voyez là-bas, votre bébé n'est peut-être pas un bébé ordinaire, c'est probablement même un bébé extraordinaire.

— Un bébé extraordinaire ? firent Hervé et Isabelle.

— Croyez-moi, je vous assure que ça ira très bien et que ce ne sera plus très long. Vous risquez cependant d'être un peu surpris.

Puis, le docteur inséra le dernier des instruments dans le nombril d'Isabelle. C'était une sorte de petite manivelle qu'il fit ensuite tourner tranquillement. Il écouta le ventre.

— Voilà, on y est !

Il tourna encore doucement, puis un peu plus vite, encore plus vite, et tout à coup, *Boiiinnng* ! Il y eut comme une explosion dans la salle d'accouchement. Il y avait de la fumée partout et des confettis tombaient du ciel.

Isabelle, Hervé et le docteur Rologue, complètement abasourdis, avaient le visage tout noirci.

Comme la fumée se dissipait et que les derniers serpentins achevaient d'atterrir, ils aperçurent enfin le petit bébé qui était couché tout nu sur le ventre d'Isabelle.

Tous les nouveau-nés ont une drôle de tête et ils se mettent habituellement à pleurer aussitôt qu'ils voient le jour. Celui-là ne semblait pourtant pas avoir envie de pleurer. Au contraire, son petit visage était illuminé d'un très large sourire. Mais il avait quand même une drôle de tête, surtout avec ses cheveux rouges. De la même couleur que son nez, d'ailleurs.

Chapitre 5

C'est normal ça, les cheveux rouges ?

Isabelle et Hervé étaient heureux. Aussi étrange qu'ait pu être la naissance de leur enfant, ce bébé remplissait maintenant de joie leur petit appartement. Tous les bébés naissent-ils ainsi dans une explosion de confettis ? Ni l'un ni l'autre n'auraient pu répondre à cette question. D'ailleurs, ils savaient bien que ça n'est pas parce qu'une chose ne s'est encore jamais produite qu'elle ne peut pas se produire un jour.

Après cet accouchement spectaculaire, le docteur Rologue, qui se doutait bien de quelque chose, avait tout de même insisté pour faire passer quelques tests au nouveau-né : prises de sang, tests de réflexes, mesure de poids et tout le tralala. On redoutait surtout que le bébé ait été affecté par la détonation qui avait marqué son arrivée. On prit donc plusieurs radiographies afin de vérifier si son petit squelette avait bien résisté au choc.

Les parents s'inquiétaient tout de même un peu de ces examens et attendaient impatiemment le verdict du médecin.

— Tout est beau, les rassura-t-il enfin. Votre petit a subi tout un choc, mais il ne semble pas en avoir été affecté.

— Et les doigts ? demandèrent les parents.

— Il y en a dix, répondit le docteur.

— Et les orteils ? questionnèrent encore Isabelle et Hervé.

— Dix orteils.

— Les oreilles ?

— Deux.

— Tout est beau, donc ?

— Tout est beau, fit le docteur.

— Même les os ? Il a de beaux os ?

— Il a de très beaux os.

Hervé et Isabelle se sentirent très soulagés. Leur bébé était en parfaite santé, il avait même apparemment de très beaux os. Satisfaits de cette merveilleuse nouvelle et aussi parce qu'il est important de donner un prénom à un enfant dès que possible – sinon tout le monde s'appellerait *Petit bébé* –, Isabelle et Hervé voulurent trouver un prénom à leur poupon.

— Nous l'appellerons Carmin, dit Hervé, parce qu'il est tout rouge comme mon taxi.

— Mais non, pas Carmin, rétorqua Isabelle. Nous l'appellerons Aimé, parce que c'est certain qu'on va l'aimer beaucoup.

— Aimé ? Non, c'est un prénom trop bizarre ça, fit Hervé.

— Et Carmin, tu en connais beaucoup des Carmin, toi, Hervé ? lui demanda Isabelle.

— Puis-je vous suggérer quelque chose ? interrompit le docteur Rologue. Puisqu'il a de si beaux os votre petit, pourquoi justement ne pas l'appeler comme ça ?

— Comment ? Les os ? Lézo ? reprit Isabelle.

— Bons os ? Bonzo ? demanda Hervé.

— Non, non, beaux os. Bozo ! déclara le docteur Rologue.

— Bozo ! ? firent les parents, en s'interrogeant quelques secondes du regard.

— Oui ! Ça me plaît, Bozo. C'est un prénom très approprié ! jugea Isabelle.

— Parfait ! dit Hervé

Quant à son nom de famille, Hervé et Isabelle s'étaient déjà entendus pour que leur enfant porte leurs deux noms, soit Leclou et Nolet, mais dans l'ordre inverse, parce qu'ils trouvaient que ça sonnait mieux ainsi.

Les premiers jours de Bozo se passaient donc dans la paix et le bonheur. Il s'abreuvait à intervalles réguliers au sein de sa mère dont le lait sucré, grâce au régime très spécial d'Isabelle, semblait faire son bonheur. Il ne pleurait jamais. Seulement parfois l'entendait-on pousser de petits sons aigus, qui ressemblaient un peu au bruit que ferait le klaxon d'une minuscule bicyclette.

La chambre de Bozo s'était vite remplie de jouets et de toutous en peluches que tous les amis avaient apportés en venant visiter et féliciter les nouveaux parents. Même quelques clients d'Isabelle et de Hervé vinrent faire leur petit tour, et aussi un ou deux étrangers, dont une grosse dame avec un petit chien, qui s'était apparemment trompée d'adresse. Très confuse, elle leur fit aussitôt ses excuses ; le petit chien aussi d'ailleurs.

Victor, le répartiteur de la compagnie de taxis où travaillait Hervé, vint aussi leur rendre visite quelques jours après la naissance. Il avait apporté :

a) Une boule de bowling pour Isabelle, une guitare pour Hervé et des allumettes pour le bébé ?

b) Des fleurs et des pâtisseries pour Isabelle, une bouteille de champagne pour Hervé et un drôle de petit oiseau noir en peluche, avec un petit chapeau rose et une cravate rayée jaune et vert, pour le bébé ?

c) Un équipement de plongée sous-marine pour Isabelle, un serpent à sonnettes pour Hervé et de la moutarde pour le bébé ?

d) Des patins à roulettes pour Isabelle, du vernis à ongles pour Hervé et des pinces à sourcils pour le bébé ?

Il est vrai qu'un cadeau c'est un cadeau, et que l'on peut en général offrir ce que l'on veut à nos amis. Il reste que certains cadeaux sont plus appropriés à certaines circonstances. C'est pourquoi tous ceux qui ont répondu b) pourront se coucher trois minutes plus tard que d'habitude ce soir, avec la permission de leurs parents, bien entendu.

— Bonjour Victor ! Quelle belle surprise ! firent Hervé et Isabelle en ouvrant la porte.

— Salut les amis ! Tiens Isabelle, ça c'est pour toi, lui dit-il en lui mettant les fleurs et la boîte de pâtisseries dans les bras, viens ici que je t'embrasse. Toi, Hervé, va porter cette bouteille dans le réfrigérateur pendant que j'embrasse ta femme ! continua Victor en prenant par la taille Isabelle qui riait toujours beaucoup des blagues du répartiteur.

— Alors Victor, comment ça va le taxi en mon absence ? demanda Hervé en revenant de la cuisine.

— Tu nous manques beaucoup, les clients s'ennuient de toi. Il n'y a que toi qui connaisses si bien les raccourcis de la ville. Quand reviens-tu ?

— Dans quelques jours sans doute, quand Isabelle se sera un peu remise de ses émotions.

— Voyons donc, les émotions, fit sa compagne en donnant un petit coup de coude dans le ventre de Hervé, c'est toi qui raffoles d'être ici tout la journée avec le bébé, avoue-le donc !

— Alors, il est où ce bébé ? demanda Victor, j'ai un petit cadeau pour lui.

— Viens voir, il fait dodo, il est si mignon, chuchota la jeune maman en prenant la main de Victor pour le mener au berceau.

Il fut un peu surpris en apercevant le bébé. Victor n'en avait encore jamais vu avec des cheveux et un nez rouges.

— Wow ! trouva-t-il enfin à dire, c'est tout un bébé !

— N'est-ce pas le plus bel enfant que tu aies jamais vu ? demandèrent les parents tout mous de tendresse.

— En tout cas, j'en ai encore jamais vu de semblable, c'est certain ! fit Victor, un peu embarrassé. C'est normal ça, les cheveux rouges, et le nez comme ça ? osa-t-il encore.

— Normal ? s'étonnèrent les parents.

— Je veux dire, il est magnifique et tout, c'est certain, mais la couleur, c'est vous qui avez choisi ça ?

— Victor, mon espèce de comique, tu n'arrêtes donc jamais de faire des farces ! pouffa Isabelle.

— Bon vieux Victor, toujours pareil ! déclara Hervé en donnant une claque dans le dos de son ami. Viens ! on va ouvrir le champagne que tu as apporté.

— Une minute, il faut que je lui donne son cadeau, reprit Victor en déposant le drôle de petit oiseau noir auprès du bébé qui commençait à se réveiller.

— Tiens mon bébé, un petit cadeau pour toi, lui dit Victor très doucement, mais toujours étonné de la drôle de tête qu'avait le petit. Comment tu t'appelles ?

— Hhhhan ! klaxonna soudainement le minuscule Bozo en apercevant l'oiseau.

— Il m'a répondu ! s'exclama Victor tout surpris.

— Mais non, espèce de comique, c'est juste qu'il a faim ou quelque chose comme ça. Un bébé qui parle maintenant, on aura tout vu ! fit Hervé, alors qu'Isabelle et lui prirent chacun un bras du visiteur pour l'escorter gentiment hors de la chambre.

Dans le salon, Hervé déboucha la bouteille de champagne, qui fit un beau grand *Pop !* qui résonna dans toute la pièce.

Du creux de son berceau dans sa chambre, Bozo, qui avait tout entendu, dit : « Pouf ! » et se mit à rire.

— Vous avez entendu ça ? demanda Victor en tournant la tête vers la chambre.

— Entendu quoi ? questionnèrent les parents, une flûte de champagne à la main.

— Le bébé, vous n'avez pas entendu le bébé ? J'aurais juré qu'il a dit *pouf !*

— Bois ton champagne ! Tu sembles en avoir bien besoin ! le taquina Isabelle.

Ils burent une gorgée.

— Vous avez raison. À la santé de... c'est vrai, vous ne m'avez pas répondu, il s'appelle comment déjà le petit ?

— Bozo ! annoncèrent fièrement les parents.

— Bozo ? fit Victor qui allait de surprise en surprise, mais n'est-ce pas un nom de... Puis il s'interrompit, pensant qu'il avait déjà trop posé de questions. Alors à la santé de Bozo ! lança-t-il enfin joyeusement en levant son verre.

— À Bozo ! clamèrent Hervé et Isabelle.

— *Bodo ?* gazouilla Bozo du creux de son berceau.

— Non, *Bo-zo. Zo* avec un « z » voyons, fit le drôle de petit oiseau noir, avec son chapeau et sa cravate.

Chapitre 6

Bozo change de couleur

Hervé avait recommencé à conduire son taxi depuis quelques mois déjà et il conduisait plus vite que jamais, car il avait toujours très hâte de rentrer à la maison pour revoir sa petite famille. D'ailleurs après souper, c'est toujours lui qui donnait le bain à Bozo.

Ce soir-là, alors qu'il lavait le petit, il remarqua quelque chose de différent sur la peau de l'enfant, comme des petites taches bleues sur son ventre, et une autre, verte celle-là, sur son petit cou. Hervé prit donc la débarbouillette qu'il savonna généreusement, et entreprit de frotter ce qui lui apparaissait comme de la peinture sur la peau de Bozo. Il frotta et frotta, mais rien n'y faisait, la couleur ne voulait pas partir.

— Isabelle ! Dans quoi est-ce qu'il s'est roulé aujourd'hui, Bozo ? cria-t-il à sa compagne, afin qu'elle l'entende du salon où elle regardait des dessins animés.

— Quoi ? demanda-t-elle en arrivant dans la salle de bain.

— Vous avez joué avec de la peinture ?

— Qu'est-ce que tu racontes Hervé ? Il n'a que six mois ! Il ne joue pas encore avec des pinceaux, qu'est-ce que tu crois ? lui répondit Isabelle un peu surprise de l'ignorance de son amoureux en matière de bébés.

— D'accord, je veux bien, mais alors, qu'est-ce que c'est que ces petites lignes bleues sur son ventre, et ça, le vert là, sur son cou ?

— Du bleu ? Où ça ?

— Là, les petites lignes là, lui montra Hervé avec le bout de la savonnette.

— Ah ! les hommes ! soupira Isabelle. Mais il faut frotter mon ami ! Ça doit être son pyjama qui a décoloré, il fait si chaud, ou c'est, je sais pas quoi moi, des bleuets ? dit-elle en s'emparant de la débarbouillette et en démontrant par l'exemple à Hervé comment il fallait s'y prendre.

Bozo ne semblait pas trop se formaliser qu'on le lave à ce point, pensant qu'on essayait plutôt de le chatouiller, un peu intensément tout de même.

— Tu vois ! Ça ne part pas. Je te l'avais dit, annonça fièrement Hervé dont on avait mis la parole en doute.

— Tiens donc, c'est étrange, on dirait que ça ne veut pas partir, fit Isabelle, franchement surprise.

— Vous avez mangé des bleuets aujourd'hui ? lui demanda Hervé.

— Bien non, c'est vrai, il ne mange pas encore de fruits, dit Isabelle en essayant de frotter encore.

— Et son pyjama ? Quel pyjama est-ce qu'il portait aujourd'hui ?

— Aujourd'hui ? Mais il portait son petit pyjama blanc, celui que la voisine nous a donné. Le pyjama blanc qui est là sur le comptoir du lavabo...

Tous deux se regardèrent dans les yeux un instant. Puis ils se tournèrent vers Bozo, qui se demandait si on allait encore le chatouiller, car il commençait à aimer ça.

— Sors-le du bain tout de suite qu'on l'examine, ordonna Isabelle qui commençait à s'inquiéter.

Tout nu, couché sur une serviette, Bozo se faisait maintenant scruter tout le corps à la loupe par ses parents, centimètre par centimètre.

Ils découvrirent ainsi d'autres lignes bleues verticales sur les fesses de Bozo. Ils s'entendirent aussi sur le fait que la tache verte sur son cou avait la forme d'un petit papillon. Par ailleurs, ils se demandaient s'il n'était pas en train de lui pousser des petites formes circulaires bizarres juste sur le côté de chacun des genoux.

— Mais qu'est-ce que c'est que tout ça mon petit Bozo ? lui dit tendrement Isabelle en l'enveloppant dans une serviette pour ne pas qu'il prenne froid. On l'amène chez le docteur demain, il faut tirer ça au clair.

Hervé et Isabelle le déposèrent ensuite dans son berceau, en prenant bien soin de placer son petit oiseau noir avec le chapeau et la cravate tout près de lui, car Bozo l'avait adopté comme son jouet préféré. Ils l'embrassèrent chacun leur tour sur ses cheveux rouges en lui disant « bonne nuit », puis ils sortirent après avoir éteint la lumière.

Dans la noirceur de la chambre, l'oiseau commenta :

— Je ne voulais pas t'en parler avant, mais c'est vrai que tu changes de couleur depuis quelque temps. Qu'est-ce qui t'arrive ?

— Pouleur ? répondit Bozo.

— Non. Couleur. Cou. Avec un « c », Bozo. Ferme tes yeux maintenant, demain sera une grosse journée pour toi. Fais dodo.

— Dado ?

— Non, Bozo, on dit... Oh ! et puis, je ne suis pas ta mère après tout ! Fais dado si tu préfères, moi je dors, clama l'oiseau en calant son chapeau sur ses yeux, car il avait un petit peu mauvais caractère, comme il arrive parfois aux oiseaux noirs.

Le lendemain matin, Isabelle était impatiente de se rendre à l'hôpital et ramassait la vaisselle du petit-déjeuner avec grand fracas.

— Dépêche-toi Hervé ! Il faut y aller !

— J'arrive, j'arrive ! fit Hervé qui s'était laissé distraire une minute par un article du journal qui parlait d'un concours canin. Sur la photo, on voyait une grosse dame et un petit chien avec un joli ruban bleu autour du cou. Le cou du petit chien, pas de la grosse dame.

Dehors, la Topolino rouge, qui savait ce qui se passait, avait déjà démarré son moteur et commençait même à avancer un peu, si bien que Hervé dut courir pour la rattraper et laisser monter Isabelle avec Bozo dans les bras, qui, lui, tenait son oiseau noir.

— En route ! dit Hervé.

Quelques minutes plus tard, le docteur Rologue examinait Bozo, alors que ses parents attendaient impatiemment son verdict.

— Alors docteur ?

Le docteur Rologue alla fermer la porte, leur demanda à tous les deux de s'asseoir, toussa un peu, enleva ses lunettes, les remit sur son nez, toussa encore, tout en marchant de long en large, l'air très sérieux.

Alors qu'il semblait qu'il allait dire quelque chose, il se ravisa et se dirigea plutôt vers sa bibliothèque pour y chercher son grand livre sur *Les phénomènes de fécondité farfelue chez les femmes férues de friandises*. Il l'ouvrit à la page 8707. Sur la page, on pouvait voir une dizaine d'images, chacune représentant un bébé à diverses étapes de son développement.

— Regardez ceci, mes amis. Vous voyez ces images ? Elles montrent comment évolue l'aspect physique d'un bébé normal durant les premiers mois de sa vie.

— Anhan... dirent ensemble Hervé et Isabelle, attendant la suite.

— Regardez Bozo maintenant. Remarquez la belle couleur rouge de ses cheveux. Voyez comment ils s'allongent sur les côtés de la tête plus qu'au-dessus ?

— Anhan...

— Et son nez, qui est aussi d'un rouge très éclatant, vous voyez comme il s'arrondit comme une petite boule ?

— Anhan...

— Vous voyez que ça n'est pas tout à fait comme sur les images de ce livre, n'est-ce pas ?

— Anhan...

— J'ai mesuré les pieds de Bozo aussi. Ils sont très grands pour son âge.

— Anhan ! dirent encore les parents, très fiers des progrès de leur bébé.

— Quant aux jolies lignes bleues sur son ventre, et à la tache verte sur son cou, je peux vous assurer que cela est tout à fait normal dans son cas.

— Ah ! C'est donc normal ! soupirèrent-ils de soulagement.

— J'ai bien dit « normal dans son cas », reprit le docteur qui tournait la page de son livre à la page 8708. Regardez ces autres images maintenant.

Sur ces photos, on voyait d'autres bébés qui, eux, ressemblaient à Bozo comme deux gouttes d'eau, même si leurs cheveux et les rayures sur leur ventre et la tache sur leur cou n'étaient pas exactement de la même couleur. Certains semblaient avoir des espèces de bretelles, d'autres des petits pois jaunes ou bleus sur la peau. Et à mesure que l'on descendait vers le bas de la page, on pouvait voir les mêmes bébés à des âges de plus en plus avancés. Leurs couleurs s'intensifiaient, les lignes ou les petits pois devenaient larges et clairs, comme s'ils portaient des costumes de cirque, et le papillon sur le cou de ces bébés semblait s'agrandir aussi. Tous avaient cependant le nez rouge, exactement comme Bozo.

— Mais... mais... c'est... ce sont :

a) Des bébés singes qui jouent du violon ?

b) Des bébés mouches qui mâchent de la gomme ?

c) Des bébés dauphins qui lisent un livre ?

d) Des bébés clowns qui sourient ?

— Oui, ce sont des bébés clowns ! Ou plutôt des clownelets, parce qu'ils sont si petits. Vous savez comme on dit « porcelet », pour un petit porc. Même qu'il y a très longtemps on disait « chevalet » pour un petit cheval. Votre petit Bozo est bel et bien un clownelet, et je dirais même un clownelet magnifique ! annonça triomphalement le docteur Rologue.

— Nifique ! fit Bozo.

— Chhut ! tais-toi ! fit discrètement l'oiseau en donnant un petit coup d'aile dans le ventre de Bozo.

Beding ! fit Isabelle en tombant en bas de sa chaise.

Bedang ! fit Hervé en tombant de la même façon.

Nous allions presque oublier. Ceux qui ont répondu d), vous êtes vraiment très attentifs. Les autres, peut-être est-ce l'heure de faire dado ?

Chapitre 7

Bozo s'exprime

Tous les parents sont fiers de leurs enfants. Isabelle et Hervé l'étaient seulement un peu plus, depuis qu'ils avaient appris que leur Bozo était très spécial. Un bébé comme on en voit rarement. Un bébé clown. Un véritable clownelet.

C'est donc très fièrement qu'Isabelle poussait son landau dans le parc quelques jours plus tard, alors que Bozo et son petit oiseau noir chuchotaient tout bas sous la petite couverture, pour ne pas qu'on les entende.

— Répète après moi Bozo, lui dit l'oiseau dans le creux de l'oreille : Oi-seau.

— Da-do, fit Bozo.

— Mais non, pas *dado*, on dit *do-do*, je veux dire *oi-seau*, s'impatientait déjà l'oiseau noir. *Ouah*, comme fait le chien, et *zo*, comme dans Bozo. *Oi-zo*, c'est facile.

— Chien ! reprit Bozo.

— Mais non ! Pas chien ! *Ouah ! Comme le chien !* Mais il est sourd ce clown ? *Oi-zo*, un oiseau, comme un joli oiseau qui vole ou comme un oiseau noir qui va se fâcher ! Répète ! dit tout fort l'oiseau qui s'énervait.

Isabelle, qui avait entendu quelque chose, souleva un peu la couverture.

— Ça va mon petit chou ? demanda-t-elle à Bozo.

L'oiseau, surpris, s'apprêtait justement à pincer le nez de Bozo pour lui donner une leçon lorsqu'il sentit la couverture se soulever. Il resta figé, en prenant un regard vide, comme un ours en peluche, pour ne pas qu'on le remarque.

— Mais qu'est-ce que tu fais là avec ton oiseau sur le visage mon petit Bozo ? Tu ne pourras plus respirer, dit gentiment Isabelle en reposant l'oiseau à côté du bébé.

Puis elle replaça la couverture et continua de pousser le landau jusqu'à un banc tout près.

— Tu vois, espèce de croûte? Tu aurais pu nous faire prendre avec tes bêtises, chuchota l'oiseau qui était tout de suite retourné en plein sur le visage de Bozo, pour qu'il voit bien comme il n'était pas content.

— Bon, maintenant l'oiseau, ça suffit les leçons et les menaces, je suis fatigué de t'entendre, fit calmement Bozo en empoignant son ami par la cravate.

— Mais tu parles?

— Évidemment que je parle, quelle drôle de question, lui répondit Bozo avec un petit sourire.

— Mais alors, tu fais juste semblant de ne pas pouvoir dire *oiseau* ou *dodo* pendant que je m'énerve?

— Eh oui.

— Et pourquoi? puis-je te demander.

— Parce que c'est drôle, rétorqua Bozo en replaçant la cravate de son ami qui n'en revenait pas encore.

L'oiseau noir devint soudain tout rouge de colère.

— Mais, tu n'es qu'un…, je vais te…

Au même moment, une grosse dame avec un petit chien, qui faisait une promenade dans le parc, s'arrêta près du landau et demanda à Isabelle si elle pouvait voir son bébé.

— Mais bien sûr madame, dit fièrement Isabelle à la grosse dame et à son petit chien. Et elle souleva la couverture.

La grosse dame et le petit chien semblèrent tout d'abord ne pas comprendre en voyant ce bébé aux cheveux et au nez rouges, avec son nœud papillon vert et son corps rayé bleu et blanc.

— Mais c'est… c'est un… fit la grosse dame en cherchant ses mots et son souffle.

— Eh oui, c'est un clown ! Il est beau, non ? dit Isabelle toujours aussi fière.

— Vous devriez avoir honte madame ! déclara sèchement la grosse dame à Isabelle. On ne joue pas des tours comme ça aux gens ! Ça n'est pas drôle du tout et c'est même de très mauvais goût ! Déguiser un enfant de la sorte, mais c'est tout simplement épouvantable !

— Mais qu'est-ce qui vous prend ? protesta Isabelle très offusquée. D'abord il n'est pas déguisé mon bébé, c'est un clown ! Même que c'est un véritable clownelet ! Parce que le petit de la chèvre, c'est un chevrolet ! Et puis c'est vous la méchante de me dire des choses pareilles ! C'est incroyable !

Le petit chien de la grosse dame se mit alors à japper très fort de sa voix très aiguë : « Arf ! Arf ! Arf ! », tout en se tortillant dans les bras de la grosse dame.

— Éloignez-vous de mon bébé avec votre bête féroce, vous allez lui faire peur, espèce de sorcière ! cria Isabelle en poussant le landau plus loin.

— Sorcière ? Moi ? Mais je vais appeler la police si ça continue !

« Arf ! Arf ! Arf ! », continuait le petit chien.

— C'est ça, allez chercher la police, c'est moi qui vous ferai arrêter pour obstruction de la voie publique avec votre gros derrière ! lui lança Isabelle, qui en oubliait ses bonnes manières.

Bozo et l'oiseau avaient beaucoup de mal à ne pas pouffer de rire devant la scène qui se jouait là. Ils se donnaient des coups de coude ou d'aile à chaque réplique d'Isabelle ou de la grosse dame, tout en tentant de ne rien manquer du spectacle. Bozo ne put bientôt plus se retenir.

— Gros derrière ! Hi hi hi ! Gros derrière ! C'est trop drôle ! s'esclaffa Bozo si fort que tout le monde dans le parc l'entendit.

L'oiseau renfonça son chapeau sur ses yeux et se couvrit la tête de son aile, se doutant de ce qui allait maintenant se passer.

Isabelle, la grosse dame et le petit chien en étaient muets et regardaient Bozo au fond du landau avec des yeux grands comme ça.

— Oups ? fit Bozo.

Tout le monde restait figé.

— Agagaa ? essaya-t-il encore.

— Bozo ? Mais tu parles ? Tu parles ? s'exclama Isabelle, en s'engouffrant la tête dans le landau.

Boum ! fit la grosse dame en s'effondrant par terre, évanouie.

« Kaïïïï ! » fit le petit chien sur lequel s'était effondrée la grosse dame.

— Vite ! Filons ! fit Isabelle en poussant le landau du plus vite qu'elle le pouvait à travers les sentiers du parc.

Ça brassait beaucoup dans le landau qui filait à toute allure.

— Tu vois ? Tu vois ce qui arrive quand tu ne m'écoutes pas ? sermonnait l'oiseau, qui tentait tant bien que mal de retenir son chapeau qui menaçait de s'envoler à chaque bosse sur laquelle ils passaient.

— Je suis vraiment désolé l'oiseau, assura Bozo, très repentant.

— *Désolé !* Il est capable de dire *désolé*, mais il n'est pas capable de dire *dodo !* fit l'oiseau, exaspéré.

— Oh, tais-toi donc, répliqua Bozo, contrarié.

Ils arrivèrent bientôt devant l'appartement. Isabelle prit rapidement Bozo dans ses bras et laissa le landau et l'oiseau sur le trottoir, juste devant la Topolino rouge.

Isabelle gravissait les marches deux par deux en courant.

— Hervé ! Hervé !

Alerté par les cris de sa compagne, Hervé vint précipitamment lui ouvrir la porte.

— Qu'est-ce qu'il y a mon amour ?

— Hervé ! C'est Bozo ! Il parle !

Victor, qui était venu prendre l'apéritif avec Hervé, accourut lui aussi.

— Qu'est-ce qui se passe ? Il s'est fait mal ? demanda Victor inquiet.

— Non, non, écoutez… au parc… Bozo… grosse dame… le chien ... gros derrière… j'ai couru jusqu'ici… Bozo… déclama Isabelle à bout de souffle.

Les deux hommes se regardèrent un instant pour voir si l'autre avait compris quoi que ce soit de ce récit échevelé.

— Mais calme-toi voyons ! lui dit Hervé en la laissant entrer dans l'appartement.

— Tu veux un verre d'eau ? s'enquit à tout hasard Victor qui aurait bien voulu se rendre utile.

— Je ne veux pas d'eau, je suis calme, c'est Bozo, il parle ! tenta encore de leur expliquer Isabelle, alors qu'on lui offrait maintenant une chaise pour s'asseoir.

— Comment ça, il parle ? Il a dit « papa », c'est ça ? Il a dit « papa » ? s'excitait maintenant Hervé.

— Non, non, il n'a pas dit « papa » Hervé, tu ne penses toujours qu'à toi ! Il a dit « gros derrière », il a dit « gros derrière » deux fois et, après ça, il a dit « c'est trop drôle ! ».

Bozo était encore tout emmitouflé dans la couverture et Hervé le découvrit pour vérifier si Isabelle disait vrai.

— Alors Bozo, tu parles ? lui demanda gentiment Hervé.

Sans l'oiseau à côté de lui, Bozo ne savait plus trop quoi faire et il préférait se taire pour le moment.

Victor, qui n'avait pas revu Bozo depuis sa première visite, s'approcha pour lui faire une caresse. Mais quand il vit son nez et ses cheveux encore plus rouges qu'avant, et qu'il découvrit le nœud papillon vert et les rayures bleues et blanches qu'il ne connaissait pas :

a) Il eut comme un malaise et retourna vite à la cuisine pour se verser un autre Martini.

b) Il eut soudain très chaud et se mit à chanter *La mer*, de Charles Trenet, pour se rafraîchir.

c) Il sentit soudain une démangeaison dans son soulier et se mit à danser la rumba sur une patte pour se gratter.

d) Il eut soudain très faim, chaud, soif et envie de se gratter en même temps et il se mit à pleurer comme un enfant qui ne veut pas faire la sieste.

— Qu'est-ce qui se passe là-haut ? demanda la Topolino rouge à l'oiseau noir qui était accoudé au landau en fumant un cigare.

— Une catastrophe, Topolino, une catastrophe, voilà ce qui se passe, lui répondit l'oiseau noir, en faisant des ronds avec la fumée.

— Voyons donc. Une catastrophe ? Parce que Bozo a dit quelques mots ? Il fallait bien qu'il commence un jour, lui rétorqua la Topolino, philosophe.

— Tu as sans doute raison, mais je ne suis pas sûr que le monde soit prêt à entendre ce qu'un clown de six mois a à lui dire. Tu aurais dû voir la grosse dame avec son petit chien tout à l'heure, elle n'était vraiment pas contente, vraiment pas du tout.

Il prit une bouffée de cigare et fit d'autres ronds de fumée, en forme de carré cette fois.

— Le petit chien non plus d'ailleurs, continua-t-il enfin.

Topolino mit sa radio en marche pour écouter un peu de musique, mais c'était l'heure du bulletin de nouvelles. Après les prévisions météorologiques, la lectrice des nouvelles annonça :

« ...Enfin, nous apprenons que les enfants qui ont répondu a), c'est-à-dire que Victor est retourné à la cuisine pour se verser un autre Martini, ont la permission de porter leur chapeau favori sur la tête pendant tout le repas de ce soir. »

— Tu entends ça l'oiseau ? Tu as perdu ! lui déclara la petite auto pour le taquiner.

— Pas du tout ! Je n'avais même pas répondu ! De toute façon, je garde mon chapeau, lui indiqua l'oiseau en se le calant sur les yeux.

Chapitre 8

La maman de Bozo reprend son travail

Ce n'est pas qu'Isabelle s'ennuyait à passer ses journées à la maison avec Bozo, mais toute la crème glacée, les pizzas, les biscuits et les bonbons dont elle s'était nourrie durant sa grossesse, et qu'elle continuait d'ingurgiter à un rythme effarant depuis que Bozo était né, commençaient à coûter cher.

Hervé avait eu beau remplir son taxi autant qu'il le pouvait et conduire à toute vitesse sa Topolino tous les jours à travers les rues de la ville, les factures d'épicerie s'accumulaient et il ne parvenait plus à toutes les payer. Isabelle devrait donc recommencer à travailler dès que possible.

Il faut dire aussi que les clients d'Isabelle la réclamaient de plus en plus au bureau de la sécurité sociale, car elle y accomplissait des miracles. Sans elle, les gens avaient bien du mal à trouver l'argent nécessaire pour survivre. En son absence, ses clients s'étaient trouvés fort dépourvus, comme la cigale, quand la bise fut venue.

Ce n'est pas que les gens soient de mauvaise volonté, mais on ne peut pas avoir tous les talents. Ainsi, en l'absence d'Isabelle, Benoît Tremblay, qui était très timide et qui ne parlait qu'en chuchotant, avait tout de même réussi à se trouver un travail comme vendeur de journaux. Son boulot consistait à s'installer sur le trottoir de la plus grande rue de la ville et à crier très fort : « *La Dépêche* ! Achetez *La Dépêche* ! Apprenez tout sur les nouvelles du jour ! Achetez *La Dépêche* ! » jusqu'à ce que les passants attirés par ces cris s'arrêtent et achètent tous les journaux. Malheureusement, Benoît Tremblay était si timide que le premier jour de son travail, il n'osa pas s'installer sur le trottoir de la plus grande rue de la ville parce qu'il y avait beaucoup trop de monde et que ça le gênait terriblement.

Il alla plutôt se réfugier au fond d'une minuscule ruelle très sombre derrière les restaurants et les magasins où ne passait jamais personne, si ce n'était quelquefois un chat qui s'était égaré ou qui cherchait des restes de poisson dans une poubelle. Installé là, Benoît déposa ses piles de journaux et s'assit dessus. Parfois, lorsqu'il voyait quelqu'un passer rapidement sur la rue au loin, il murmurait d'une voix presque inaudible : « Excusez-moi, est-ce que vous seriez peut-être intéressé à acheter un journal s'il vous plaît ? » Évidemment, personne ne le voyait et l'entendait encore moins, si bien qu'il ne vendit ce premier jour aucun journal. À la fin de la journée, terrifié à l'idée d'avouer à son patron qu'il n'avait pas réussi à vendre ne serait-ce qu'un journal, il les rapporta tous chez lui.

Benoît sortit alors le bas de laine de dessous son matelas dans lequel il conservait les maigres économies qu'il possédait encore. Il fit quelques calculs et alla porter la somme, qu'aurait dû lui rapporter la vente de ses journaux, à son patron.

Il recommença ce manège durant quelques semaines, jusqu'à ce qu'il ne lui reste plus un sou dans son bas de laine. Son petit appartement fut bientôt à ce point rempli de journaux invendus qu'il dut coucher dehors parce qu'il n'y avait plus de place chez lui. Trop timide pour simplement jeter tous ces journaux, Benoît entreprit plutôt de les classer avec beaucoup de soin, en utilisant des petits cartons où il inscrivit la date et les titres des principaux articles. Cette occupation ne lui rapportait cependant pas un sou de plus.

Le jour du retour d'Isabelle à son travail, Benoît Tremblay était devenu si pauvre qu'il n'avait pas mangé depuis trois jours. Il fouilla dans une poubelle de la ruelle où il s'installait pour vendre ses journaux, espérant y trouver des restes de nourriture. Par bonheur, il y dénicha une boîte de sardines à peine entamée. Mais un chat qui passait par là au même moment flaira le bon poisson et s'amena du côté de la poubelle. Benoît avait si faim qu'il tenta un instant de s'interposer.

— Excusez-moi mais je crois que ce sont mes sardines, chuchota-t-il timidement au chat. Je les ai trouvées le premier et j'aimerais beaucoup les manger si vous n'y voyez pas d'objection.

Le chat ne voulut rien entendre, il fit « Sssssss ! », en montrant les dents à Benoît qui reculait déjà, et s'empara des sardines qu'il engouffra goulûment.

Vaincu, Benoît s'assit sur sa pile de journaux en regardant le chat s'en mettre plein les moustaches. Affamé et désespéré, Benoît Tremblay sentit une larme descendre sur sa joue et lui effleurer les lèvres. Il l'attrapa timidement du bout de sa langue, sachant qu'il s'agissait là du seul repas qu'il aurait aujourd'hui.

— Ça ne peut plus continuer comme ça, se murmura-t-il à lui-même, en avalant une autre goutte salée. Il faut absolument que Mlle Isabelle revienne.

Pendant que Benoît vivait tous ces malheurs, une autre cliente d'Isabelle avait aussi fait du mieux qu'elle pouvait pour se trouver du travail. Sophie Bouillon était une jeune fille pleine d'énergie, mais au très mauvais caractère. Elle aimait se teindre les cheveux de toutes les couleurs, porter du rouge à lèvres noir et avait des anneaux dans les oreilles, le nez, les sourcils et le nombril.

Elle s'était récemment fait renvoyer de son dernier emploi dans une pâtisserie. Sophie avait écrasé une tarte à la crème sur le visage d'une cliente, une grosse dame avec un petit chien, qui avait eu le malheur de lui demander si la crème était bien fraîche. La grosse dame était évidemment très fâchée, le petit chien aussi d'ailleurs. Elle s'était plainte du comportement de Sophie à son patron qui l'avait mise à la porte sur-le-champ, car la grosse dame était de loin sa meilleure cliente.

Se retrouvant tout à coup sans travail, Sophie s'était alors rendue au Bureau de la sécurité sociale. Isabelle saurait certainement lui trouver un autre emploi, pensait-elle.

Un monsieur frisé, qui travaillait au même bureau que la maman de Bozo, vint accueillir Sophie à l'entrée.

—Que peut-on faire pour vous mademoiselle ? fit-il gentiment.

—Je veux voir Isabelle ! répondit Sophie au monsieur frisé.

— Ah ! je suis désolé, mais Isabelle est en congé de maternité en ce moment.

— Comment ? En congé de maternité ? Et moi alors ? s'exclama la colérique Sophie.

— Il paraît qu'elle a eu un bébé très spécial et elle ne sera de retour que dans quelques semaines, lui dit calmement le monsieur.

— Spécial ? Comment ça spécial ? Moi aussi je suis spéciale ! dit Sophie presque en hurlant.

— Je n'en doute pas mademoiselle et je suis sûr que nous pourrons vous aider en l'absence d'Isabelle si vous voulez bien vous asseoir et...

— Pas question ! Je veux pas de bonhomme frisé pour s'occuper de moi ! C'est Isabelle ou c'est rien ! l'interrompit Sophie. Puis elle tourna les talons et sortit en claquant la porte.

Pas contente, traînant ses grosses godasses noires et criant sa colère à tous les passants, Sophie se rendit jusqu'à la bibliothèque municipale. Elle s'installa dans un fauteuil pour écouter très fort de la musique épouvantable – avec des écouteurs sur les oreilles heureusement, parce que, comme on le sait, il ne faut pas faire de bruit dans une bibliothèque.

Alors qu'elle écoutait une chanson de son groupe préféré, Les Gastro-hystériques, elle aperçut un petit écriteau qui offrait un emploi à la bibliothèque. Elle alla demander à la bibliothécaire de quoi il s'agissait. Sophie avait beau ne pas avoir un très joli caractère, elle savait se montrer pleine d'enthousiasme, tant qu'on ne lui marchait pas trop sur les pieds. D'ailleurs, les gens finissaient souvent par lui donner ce qu'elle réclamait, surtout par crainte qu'elle se fâche. La bibliothécaire, une jeune femme très douce et joviale, trouva Sophie amusante avec tous ses anneaux dans le nez et accepta de la prendre à l'essai.

Le travail consistait à recueillir sur les tables les livres que les gens avaient consultés et de les reclasser au bon endroit dans les nombreux rayons de la bibliothèque.

— C'est tout ? Facile ! s'exclama Sophie, qui se mit tout de suite au travail.

Ça n'alla pas trop mal pour commencer, parce que Sophie était excitée par la nouveauté de l'occupation. Elle se promenait gaiement dans les rayons en poussant son petit chariot et en lançant les livres un peu partout sur les tablettes en faisant beaucoup de bruit. La bibliothécaire la rappela vite à l'ordre en lui expliquant que les livres devaient être classés selon une certaine méthode. Sophie Bouillon fit mine de comprendre ce qu'on lui disait, mais sa nature impatiente et débordante d'énergie fit bientôt d'autres flammèches.

Tout d'abord, il lui sembla que classer les livres par sujets et par titres n'était pas la meilleure idée qui soit. Elle entreprit plutôt de les trier par la couleur de leur couverture. Au bout de quelques jours, les clients furent très étonnés de retrouver dans une même rangée tous les livres bleus, puis dans une autre, tous les livres rouges, peu importe si on retrouvait un à côté de l'autre un livre de recettes de poulet et un roman d'amour. Puis bientôt, Sophie trouva que les gens ne lisaient pas assez vite. Elle s'installait donc à côté d'eux, leur demandant, en parlant très fort pour les intimider, s'il auraient bientôt fini leur lecture afin qu'elle puisse aller reclasser le livre. Quand on lui répondait qu'on en avait encore pour un bon moment, elle arrachait le livre des mains de la personne, l'ouvrait à la dernière page et lui lisait la fin de l'histoire à haute voix. Puis elle lui disait, ravie : « Vous voyez, ça va beaucoup plus vite comme ça ! »

Inutile d'ajouter que Sophie se retrouva vite au chômage, en fait le même jour où Benoît Tremblay se fit voler ses sardines par le chat.

C'est aussi ce jour-là que la maman de Bozo reprit son travail au Bureau de la sécurité sociale.

En entrant au bureau, Isabelle reconnut Benoît Tremblay et Sophie Bouillon, assis dans la salle d'attente. Tous deux espéraient qu'elle saurait enfin leur trouver un emploi qui leur convenait.

Isabelle les fit venir chacun leur tour à son bureau. Elle écouta attentivement l'histoire de leur dernière mésaventure sur le marché du travail, tout en prenant des notes dans un dossier. La jeune femme, qui connaissait bien son métier, eut soudain une très bonne idée.

a) Elle proposa à Sophie de retourner à la bibliothèque et de classer les livres par ordre de grandeur et elle proposa à Benoît de retourner vendre des journaux juste aux chats ?

b) Elle proposa à Sophie d'aller vendre des journaux, parce qu'elle aimait bien crier dans la rue et qu'elle savait convaincre les gens ; puis elle proposa à Benoît d'aller travailler à la bibliothèque, parce qu'il était silencieux et qu'il aimait bien classer les choses ?

c) Elle proposa à Sophie et à Benoît de se marier ensemble ?

d) Elle proposa à Sophie d'aller chuchoter dans une ruelle et à Benoît de se mettre des anneaux dans les oreilles, le nez et le nombril ?

Lorsqu'elle eut terminé avec Sophie et Benoît, Isabelle prit encore quelques notes dans leur dossier puis ouvrit un des tiroirs de son classeur pour les y ranger. Elle classa tout d'abord celui de Benoît Tremblay sous la lettre T, mais lorsqu'elle voulut classer celui de Sophie Bouillon, elle aperçut sous la lettre B un étrange dossier rouge qu'elle ne connaissait pas. Il n'y avait qu'une petite feuille dedans avec juste une phrase écrite dessus qui disait: « Ceux qui ont répondu b) gagnent la permission de faire des grimaces devant le miroir durant deux minutes avant d'aller se coucher ce soir. »

Avec le retour au travail d'Isabelle, il avait bien fallu trouver un moyen de s'occuper de Bozo durant la journée. N'ayant pas encore découvert de véritable solution, Hervé emmena Bozo et son oiseau noir dans la Topolino pour faire le taxi avec lui.

Quand ils entraient dans la voiture, les clients étaient très étonnés de voir un petit clown assis dans un siège de bébé sur la banquette arrière. Le drôle de petit oiseau noir avec une cravate et un chapeau les surprenait tout autant. Ils étaient si surpris que tous ressortaient tout de suite sans demander leur reste. Il en aurait fallu d'autres plus curieux, plus pressés ou tout simplement plus distraits, pour demander à Hervé de les conduire où ils voulaient, sans se soucier de Bozo ou de son oiseau.

— Bonjour Monsieur ! fit enfin Bozo à un vieux monsieur qui entrait dans la voiture, bienvenue dans le taxi de papa !

Le monsieur, qui était très vieux, ne sembla pas trop surpris qu'un clownelet lui adresse la parole et lui fit un beau sourire en soulevant son chapeau. De toute façon, la voiture avançait déjà et il était trop tard pour sortir.

Puis Bozo dit à l'oiseau, assez fort pour que tout le monde entende :

— Dis-donc, je crois qu'il a mangé de l'ail le monsieur, ça pue !

— Bozo ! Voyons ! le reprit Hervé.

Puis au monsieur :

— Veuillez l'excuser monsieur, ce n'est qu'un bébé, il ne sait pas ce qu'il raconte.

L'oiseau ne pouvait rien dire devant Hervé et le monsieur, mais il n'était pas content non plus et pinça un peu Bozo sur le bras pour lui faire sentir son mécontentement.

— Ouch ! cria Bozo si fort que Hervé en fut très surpris et qu'il faillit causer un accident en tournant le volant brusquement.

— Bozo ! ! insista Hervé, de plus en plus impatient et inquiet de ce que son client allait penser de ce manège.

Arrivé à destination, Hervé se tourna vers le vieux monsieur et lui dit :

— Ça fait cinq dollars.

— De la douleur ? Non vous êtes gentil, je suis vieux, mais je n'ai pas de douleur, lui répondit le vieil homme.

— Mais non, des dollars, c'est cinq dollars pour la course, monsieur, répéta Hervé.

— Un ours ? Vous avez vu un ours ? Ça m'étonnerait beaucoup qu'il y en ait ici jeune homme, lui répondit le client.

Constatant que son client était complètement sourd, Hervé sortit, contourna la voiture et alla lui ouvrir la portière pour le faire descendre.

— Ah ! On est arrivés ? demanda le vieil homme.

— C'est ça, monsieur, on est arrivés, lui dit patiemment Hervé en l'aidant à sortir sur le trottoir.

— Combien je vous dois ?

— Aujourd'hui c'est gratuit monsieur ! lui annonça Hervé, qui commençait à s'énerver.

— Mon parapluie ? Mais je n'en avais pas tout à l'heure jeune homme. Vous êtes un peu fatigué je crois.

Hervé ne lui répondit même pas, retourna au volant et démarra sur les chapeaux de roues.

— Heureusement qu'il était sourd celui-là, dit Hervé en regardant Bozo dans son rétroviseur. On ne peut pas continuer comme ça, tu vas faire fuir tous mes clients. Il faut trouver une autre solution mon petit bonhomme.

Puis Hervé roula jusqu'à ce qu'ils arrivent devant une étrange maison grise. Un écriteau au-dessus de la porte indiquait : La Garderie des petits cornichons, et il arrêta la voiture.

— Bon, dit Hervé en soupirant, ce n'est pas la meilleure solution, mais il faudra faire avec.

Puis il sortit de la voiture.

— Tu vois, espèce de clown, il va nous envoyer dans une garderie de cornichons à cause de tes bêtises, rouspéta le petit oiseau noir.

— Dis donc, mais c'est toi qui sens l'ail ! rétorqua Bozo en se pinçant le nez.

Chapitre 9

Bozo va à la garderie

La Garderie des petits cornichons ne s'appelait pas ainsi pour rien. En effet, son unique pièce était très petite et sentait beaucoup le vinaigre. La centaine d'enfants qui s'y faisaient garder chaque jour s'y trouvaient donc tassés comme des cornichons dans un bocal. Mais surtout, on n'avait pas l'air de s'y amuser beaucoup.

En effet, Mme Cultrice, la directrice de la garderie, n'aimait pas le bruit ni le désordre, et encore moins les enfants désobéissants, si bien que les petits restaient assis silencieusement toute la journée sans bouger, de peur de se faire disputer.

Les parents qui venaient déposer leur rejeton chaque matin ne se doutaient de rien. Les enfants – qui avaient peur de Mme Cultrice – n'osaient pas leur dire qu'ils n'aimaient pas cette garderie et qu'ils y étaient bien malheureux.

Les parents revenaient donc quotidiennement confier leurs enfants à Mme Cultrice, certains que celle-ci s'occuperait bien de leurs petits chéris. Ces papas et ces mamans repartaient travailler l'esprit tranquille, gagner des sous pour payer les chaussettes que les enfants mettent aux pieds et les brocolis qu'ils mettent dans leur ventre.

Justement, et c'est une chose à laquelle ni Hervé ni Isabelle n'avaient pensé jusqu'à ce moment, Bozo ne pouvait pas manger de brocolis. Il y était violemment allergique. Il était aussi allergique au pain, aux œufs, à la viande, aux fruits, à tous les légumes, de même qu'aux noix, aux petits pois et aux tomates. Surtout les tomates, à moins qu'il ne s'agisse de ketchup ou de sauce pour les chips, qu'on appelle parfois salsa.

Comme on le sait maintenant, Isabelle avait suivi une diète très rigoureuse qui n'était composée que de crème glacée, de chips, de pizza, de biscuits au chocolat et de tarte à la crème. Pour cette raison, le lait, dont elle avait jusqu'ici nourri Bozo lorsqu'elle lui donnait le sein, avait fait en sorte que tout ce qui n'était pas sucreries ou gâteries – que l'on réserve habituellement pour les fêtes ou les journées spéciales – rendait Bozo très malade.

Hervé déposa donc Bozo et son petit oiseau noir à la Garderie des petits cornichons, et retourna vite tenter de sauver sa journée bien mal commencée. Le repas du midi achevait et Mme Cultrice ne cacha pas son irritation à la vue de cette nouvelle bouche à nourrir.

— Un autre petit capricieux, je n'en doute pas, fit-elle avec dédain. Et ils nous les amènent déguisés en clowns maintenant. J'aurai tout vu !

Elle s'empara de l'assiette d'un des enfants et essaya de faire avaler à Bozo les brocolis qui y restaient. Bozo en prit une bouchée pour faire plaisir à la dame, mais bientôt, des choses étranges commencèrent à se passer. D'abord,

Bozo eut les oreilles toutes vertes, puis il se mit tout à coup à péter une petite chanson qui allait comme suit :

« Prout, proutproutprout, Pet ! Pet ! Pet ! Pif ! Paf ! Prooooouut, pr, pr, pr, pr, pr, pr... OUT ! »

Mme Cultrice fut tout d'abord un peu surprise par cette petite chanson qui sortait des fesses de Bozo, mais elle tenait à ce que ce nouveau venu se conforme aux règles de sa garderie qu'elle opérait depuis déjà trois cent quatre-vingt-deux années.

Elle essaya donc de faire avaler à Bozo une autre bouchée, celle-là de tomates écrasées.

Bozo, qui ne voulait pas que Mme Cultrice se fâche, en avala une grosse cuillerée.

Tout d'abord il ne se passa rien. Mais bientôt, le nez de Bozo commença à gonfler dangereusement et ses oreilles devinrent bleues et elles se mirent à vibrer très rapidement comme les ailes d'un colibri.

Le petit oiseau noir qui assistait à la scène chuchota à Bozo :

— Essaye de ne pas péter cette fois-ci, tu vas nous faire remarquer !

Bozo essaya très fort de ne pas péter, si bien que ses oreilles devinrent encore plus bleues et que son nez donna soudain l'impression d'un gros ballon rouge qui allait bientôt exploser. Mais il ne put se retenir plus longtemps et de ses fesses sortit une nouvelle chanson :

« Fzz, Fzz, proutproutprout, Fzz, Fzz, Pif, Paf, pr, pr, pr, pr, Prout ! Fzz ! Fzzzzzzzzzzzzzz, prout ! »

Les autres petits cornichons – des enfants de tous les âges – n'en croyaient ni leurs yeux ni leurs oreilles. Ruth Proulx, qui riait tout le temps et se faisait disputer, pouffa de rire et se fit disputer. Gaston Thibodeau, qui avait les yeux croches, regarda tout droit pour la première fois de sa vie. Alphonse Touchette, qui avait toujours un doigt dans le nez, en profita pour sa part pour le mettre ensuite dans sa bouche. Mais quel était donc ce nouveau venu qui sortait des sons si incroyables de son derrière, qui avait le nez qui grossissait et les oreilles qui vibraient ?

— Bon ! annonça finalement Mme Cultrice, nous avons avec nous un petit bonhomme désobéissant. Nous allons devoir le mettre en punition! fit-elle avec le bec pincé.

Mais l'indigestion de Bozo ne faisait encore que commencer. Au moment où Mme Cultrice allait s'emparer de lui pour le mettre dans le coin, on vit des bulles sortir de la bouche du clownelet, comme des bulles de savon mais de toutes les couleurs, qui volaient maintenant partout dans la garderie.

— Oooooh ! firent admirativement tous les enfants en regardant les bulles qui flottaient dans les airs.

— Taisez-vous ! rétorqua sèchement Mme Cultrice aux enfants.

Puis les bulles se transformèrent en balles de caoutchouc qui rebondissaient maintenant partout en faisant « boiiing, boiiing ! ».

— Oooooh ! reprirent les enfants, qui commençaient à devenir très intéressés par le spectacle.

Mme Cultrice tenta encore d'attraper Bozo, en se frayant un chemin à travers les balles de caoutchouc, mais le petit clown s'empara de trois balles qui rebondissaient vers lui et se mit à jongler. Puis il en prit une quatrième, une cinquième, et bientôt il jonglait avec six balles en même temps.

Les enfants éclatèrent de rire tout en applaudissant les exploits de Bozo.

Entraîné par les applaudissements, Bozo se mit debout et commença à danser tout en jonglant. C'était une drôle de danse qu'il dansait là, tout en produisant sa propre musique. En effet, quand Bozo cognait ses genoux ensemble, on entendait des cymbales. Puis il se donnait des coups de coude sur les côtes, comme un poulet qui essaie de voler, et on entendait des klaxons qui jouaient toutes sortes de notes.

Mme Cultrice en était tombée assise par terre et avait la bouche grande ouverte, incapable de prononcer un mot que, de toute façon, on n'aurait pas entendu sous le bruit des rires et des applaudissements, des coups de cymbales et du son des klaxons.

Bozo courait maintenant partout en dansant dans la garderie et en jonglant avec tout ce qu'il trouvait : le téléphone, des biberons, une paire de souliers, une boîte à lunch.

Le petit oiseau noir ne trouvait pas ça drôle du tout. Il profita même du vacarme pour crier à Bozo son mécontentement :

— Mais arrête ! Arrête ! Qu'est-ce que tu fais là ? On va se faire punir ! Mais arrête donc !

Et Bozo, qui dansait par là, s'empara du petit oiseau noir, le lança en l'air et l'ajouta à sa jonglerie, avec les balles et toutes sortes d'autres objets qu'il sortait maintenant de sa couche comme par magie : un ourson en peluche, un chapeau de pompier, un tambour, une banane, une flûte, dont il réussissait même à tirer une note en la plaçant dans son nez lorsqu'elle passait par là.

Le petit oiseau n'en criait que plus fort :

— Mais laisse-moi ! Arrête !

Bozo n'entendait rien et relançait même l'oiseau encore plus haut chaque fois qu'il l'attrapait.

— Mais t'es fou ! Laisse-moi ! J'ai mal au cœur ! Je vais être malade, fulminait l'oiseau en tenant son chapeau tant bien que mal.

Les enfants étaient maintenant très excités. Ils riaient et ils couraient partout. Certains essayèrent même d'imiter Bozo et entreprirent de fouiller dans la couche des plus petits pour voir s'ils n'y trouveraient pas d'autres jouets.

Puis Mme Cultrice se leva d'un trait, rouge de colère, et se mit à hurler au milieu de la pièce.

— Petits monstres ! Arrêtez immédiatement ! Vous n'êtes que des gredins ! Des cornichons ! Je vous déteste !

Les enfants, très surpris, s'arrêtèrent tous en même temps.

Mme Cultrice continua tout de même :

— Je vous déteste ! Toi ! Je vais t'apprendre, petit polisson ! tonna-t-elle à Bozo en le saisissant par les oreilles.

— Je vais te donner une fessée dont tu te rappelleras longtemps et qui servira de leçon à tous ces horribles morveux !

— Vous n'en ferez rien ! protesta la grosse dame avec le petit chien, qui était entrée dans la garderie au moment où Mme Cultrice faisait sa colère.

— Qui êtes-vous ? rétorqua Mme Cultrice en se retournant, très surprise.

— Je suis entrée chez vous par erreur, car je pensais qu'il s'agissait d'un restaurant, dit tout d'abord la grosse dame, mais ce que je viens d'entendre ici est inacceptable. On ne traite pas les enfants de cette façon madame, et je vous assure que non seulement je dirai aux parents de ces petits ce que j'ai vu et entendu en ces lieux aujourd'hui, mais j'en préviendrai aussi les autorités responsables !

— Hourrah ! firent tous les enfants.

— Ouaf ! ajouta le petit chien.

Quelques jours plus tard, Hervé, Isabelle et les autres parents se rendirent à la très grande maison de la grosse dame avec le petit chien pour la remercier de ce qu'elle avait fait pour leurs enfants et lui faire une des propositions suivantes :

a) On demanda à la grosse dame si elle voulait devenir une clown qui se produirait au cirque avec son petit chien ?

b) On demanda à la grosse dame si elle voulait conduire un taxi pour transporter tous les petits chiens de la ville ?

c) On demanda à la grosse dame si elle voulait devenir l'assistante du docteur Rologue pour soigner tous les petits chiens ?

d) On demanda à la grosse dame si elle voulait garder tous les petits enfants dans sa grande maison, pour qu'ils s'amusent et jouent avec le petit chien ?

Le lendemain matin, Hervé, Isabelle, Bozo et le petit oiseau noir se mirent en route dans la Topolino.

— Allô allô, ici Victor, j'appelle Hervé, réponds Hervé ! fit Victor dans la radio.

— La radio fonctionne ! s'écria Hervé tout content. Allô Victor, ici Hervé, qu'est-ce qui se passe ?

— Hervé ! C'est extraordinaire ! Tous les parents de la ville appellent pour que tu ailles chercher leurs enfants, as-tu de la place ?

— Pour les enfants, il y a toujours de la place ! s'exclama Hervé en se dirigeant vers la première adresse indiquée par Victor.

Au bout d'une demi-heure, une centaine d'enfants très excités s'entassaient dans la Topolino.

— Allô Hervé, c'est Victor. Il te reste encore quelques passagers à prendre en chemin : Gaston Thibodeau, Ruth Proulx, Alphonse Touchette, Raoul Houle, son frère Abdoul et la petite Marie-Neige Sanschagrin.

—On y va ! crièrent tous les enfants empilés dans la petite voiture.

Ils arrivèrent enfin devant la Garderie des petits choux à la crème.

La grosse dame vint leur ouvrir avec un grand sourire et leur annonça :

—Entrez les enfants, mon petit chien avait hâte de vous voir ! J'ai préparé des jeux et plein de bonnes choses à manger pour tous ceux qui ont répondu d) et pour les autres aussi ! Et toi Bozo, mon petit clownelet d'amour, j'espère que tu nous as encore préparé tout un spectacle !

—Oui madame ! fit Bozo très heureux.

—Ouaf ! fit le petit chien en branlant la queue.

—Oh toi ! le chien, tais-toi donc ! fit le petit oiseau noir, en calant son chapeau sur sa tête.

FIN

Remerciements

La vérité sort de la bouche des enfants. Cette qualité fait de ces jeunes personnes des critiques littéraires redoutables, jamais complaisants, toujours utiles. J'aimerais donc remercier mes tout premiers lecteurs, cinq enfants, dont les réactions et les commentaires ont guidé l'écriture de cette histoire, tout d'abord rédigée en feuilleton. Merci à mes amis Antoine Saint-Louis, Simone et Philippe Caron ainsi que Rachel et Paul Jacques-Mignault.

J'aimerais aussi remercier madame Julie Cyr et ses élèves de l'école Louis-Lafortune de Delson, de même que madame Suzanne Gaudreau, bibliothécaire à l'école Marie-Victorin de Varennes, dont les observations m'ont été d'un grand secours.

Enfin, tout plein de fleurs pour Anne-Marie Villeneuve, éditrice, et son équipe. Pour un voyage initiatique, on ne pouvait rêver plus agréable compagnie.

AGMV Marquis
MEMBRE DE SCABRINI MEDIA
Québec, Canada
2003